Discapacidades y diferencias

Todos jugamos

Rebecca Rissman

Heinemann Library
Chicago, Illinois

Customer Service 888-454-2279
Visit our website at www.heinemannraintree.com

Translation into Spanish by Double O Publishing Services
Printed in China by South China Printing Company Limited

13 12 11 10 09
10 9 8 7 6 5 4 3 2 1

ISBN-13: 978-1-4329-3646-4 (hc)
ISBN-13: 978-1-4329-3652-5 (pb)

Library of Congress Cataloging-in-Publication Data

Rissman, Rebecca.
  [We all play. Spanish]
  Todos jugamos / Rebecca Rissman.
      p. cm. -- (Discapacidades y diferencias)
  Translated from English.
  Includes index.
  ISBN 978-1-4329-3646-4 (hardcover) -- ISBN 978-1-4329-3652-5 (pbk.)
  1. Play--Juvenile literature. 2. Child development. I. Title.
  LB1139.35.P55R5718 2009
  306.4'81--dc22
                                     2009018074

Acknowledgments
The author and publisher are grateful to the following for permission to reproduce photographs: ©agefotostock p. 4 (John Birdsall); ©Corbis pp. 7 (zefa/Mika), 14 (Reuters/Claro Cortes IV); ©drr.net pp. 12 (Leah Warkentin), 15 (Janine Wiedel), 18 (Leah Warkentin); ©Getty Images pp. 6 (Tara Moore), 8 (Brent Stirton), 9 (Siri Stafford), 10 (Robert Prezioso), 11 (Gary Buss), 12 (NBAE/D. Clarke Evans), 19 (Michael Cogliantry), 20 (Realistic Reflections), 21 (Celia Peterson), 23 top (Realistic Reflections), 23 middle (Brent Stirton), 23 bottom (Robert Prezioso/Getty Images); ©Shutterstock pp. 13 (Koer), 16 (Damir Karan), 17 (Loesevsky Pavel), 22 (M W Productions).

Cover image used with permission of ©Corbis (Andy Aitchison). Back cover image used with permission of ©Getty Images (Siri Stafford).

Every effort has been made to contact copyright holders of any material reproduced in this book. Any omissions will be rectified in subsequent printings if notice is given to the publisher.

Contenido

Diferencias

Todos somos diferentes.

Jugar

Jugamos para aprender.

Jugamos para reír.

Jugamos para explorar.

Jugamos para hacer ejercicio.

¿Cómo jugamos?

Jugamos de diferentes maneras.

Jugamos en distintos lugares.

Algunas personas juegan con otras.

Algunas personas juegan solas.

Algunas personas juegan juegos.

Algunas personas tocan música.

Algunas personas juegan videojuegos.

Algunas personas juegan con juguetes.

¿Dónde jugamos?

Algunas personas juegan afuera.

Algunas personas juegan adentro.

Algunas personas juegan en la escuela.

Algunas personas juegan en casa.

Todos somos diferentes

Todos somos diferentes.

¿Cómo juegas tú?

Palabras para aprender

corsé ortopédico algo que se lleva para ayudar a las personas a crecer y a moverse de manera saludable

muletas palos largos que ayudan a las personas a caminar

silla de ruedas una silla con ruedas. Algunas personas usan sillas de ruedas para trasladarse.

Esta sección incluye vocabulario relacionado que puede ayudar al niño con el aprendizaje de este tema. Use estas palabras para explorar el concepto de jugar.

Índice

Nota a padres y maestros
Antes de leer
Pida a los niños que formen parejas y comenten su juego favorito con un compañero. Después, pida que cada compañero explique a qué le gusta jugar al otro. Recopile las respuestas y enumérelas en el pizarrón bajo los siguientes encabezados: deportes, juegos de mesa, música, juegos para la computadora y juegos para el patio de recreo.

Después de leer
Pida a los niños que hojeen revistas y catálogos y que recorten dibujos de personas que estén practicando deportes, tocando música o jugando. Haga un collage de los dibujos y ayude a los niños a escribir rótulos para cada actividad. Inicie una conversación con los niños acerca de las distintas maneras en que juegan las personas.

24